27

L n 1561.

ÉPITRE.

PREMIÈRE PARTIE.

LE SIEUR A. P***, ANCIEN OFFICIER ET EX-EMPLOYÉ,

AU SIEUR

V. B***, MÉDECIN ET EX-RENTIER.

La vérité plus que l'esprit y brille.

AVANT-PROPOS.

L'auteur de cette épître croit devoir, pour l'acquit de sa conscience, rendre compte à ses lecteurs des trop justes et trop légitimes motifs qui l'ont déterminé à lui donner de la publicité.

Parvenu à un âge déjà assez avancé, il ose affirmer, sans craindre d'être démenti par tous ceux qui le connaissent, qu'il n'a jamais compté dans sa vie que de nombreux et de sincères amis, parce que se ressouvenant *plutôt du bien que du mal qu'on lui fait*, il a toujours éloigné la haine de son cœur autant que la vengeance de son esprit.

Il n'avait donc aucun ennemi avant que le sieur B*** ne se montrât le sien d'une manière aussi *perfide* dans les *voies de fait* qu'il fit exercer un jour sur sa personne, qu'*implacable* par ses nouvelles menaces de *guet-apens* envers lui et ses protestations réitérées qu'*il ne périra que de sa main;* —

système de vengeance d'autant plus infâme qu'on ne peut ni en prévoir l'instant ni en éviter les effets , et que devant lui viennent inévitablement échouer toute la prudence, la force et la bravoure de l'homme d'honneur.

Le sieur P*** déclare en outre, avec l'extrême franchise qui le caractérise, que, malgré l'atroce conduite de cet homme à son égard, il n'aurait jamais écrit et encore moins publié cette lettre contre lui, si, non-seulement par ses opiniâtres et outrageantes dénégations sur tous les torts qui lui sont reprochés, mais encore par son défi aussi impudent que formel à l'auteur de les consigner par écrit, il n'avait forcé ce dernier à recourir à ce moyen extrême pour le confondre. — C'est ainsi, qu'en se prenant dans ses propres filets, un pervers se nuit souvent à lui-même :

> La ruse la mieux ourdie
> Peut nuire à son inventeur,
> Et *souvent la perfidie*
> *Retourne sur son auteur.*

EXPOSÉ DES FAITS.

Autant il faut de soins, d'égards et de prudence
Pour ne point accuser l'honneur et l'innocence,
Autant il faut d'ardeur, d'inflexibilité,
Pour déférer un traître à la société :
Et *l'intérêt commun veut qu'on se réunisse*
Pour flétrir un méchant, pour en faire justice.

Un an et plus s'est écoulé depuis que, par un abus de
confiance sans exemple et au mépris le plus manifeste du
droit des gens, vous vous êtes présenté chez moi dans le
coupable dessein de vous emparer, autant par surprise que
par violence, du premier objet qui se trouverait à votre convenance ; car l'algarade que vous me fîtes d'abord n'était
qu'un prétexte pour exécuter plus facilement ensuite votre
indigne projet, en enlevant avec non moins d'audace que de
promptitude un *portrait en miniature* qui se trouvait alors
suspendu à ma cheminée, et cela, avez-vous dit, à titre de
gage et par forme de nantissement de paiement d'une misé-
rable somme de 30 fr. que je vous devais.

Or, comme en aucun cas il ne peut être permis à qui que ce soit de se faire *justice*, et conséquemment à un créancier de se liquider de ses propres mains, en s'emparant arbitrairement pour cela des effets de son débiteur, j'adressai sur-le-champ ma plainte au commissaire de police de votre quartier ; plainte à laquelle ce magistrat ne put donner aucune suite, parce que, selon votre louable coutume, vous étiez peu de jours auparavant *furtivement* parti de l'hôtel que vous habitiez alors.

Lorsque vous m'avez pour ainsi dire *dérobé* ce portrait, vous auriez bien mérité que je criasse sur vous *au voleur*, et que je vous fisse arrêter comme tel à l'instant même. — Auriez-vous ensuite été assez habile pour prouver que vous ne l'étiez point et vous tirer facilement de ce mauvais pas ? — C'est ce dont je doute fort ; plusieurs personnes m'ont depuis reproché d'avoir négligé le moyen de vous châtier comme il faut pour l'odieuse conduite que vous avez tenue dans cette occasion, comme dans quelques autres encore.

Quoi qu'il en soit, comme j'ai tout à redouter de la part d'un homme tel que vous, je ne saurais trop, moyennant cela, vous prévenir que, si jamais il vous arrivait d'exercer contre moi de *nouvelles violences*, j'ai à ma disposition, je vous en réponds, des moyens puissants pour vous faire repentir longtemps de vos *manières brutales* à mon égard. C'est dire qu'au besoin j'aurai recours à l'autorité, sous la protection de laquelle je me suis placé, comme, au surplus, vous pouvez vous en convaincre par la plainte que je viens de lui faire parvenir. Tenez-vous bien pour averti.

Je vous préviens également que si vous voulez être soldé par moi, il faut, au préalable, que vous me fassiez remettr sâns retard le portrait en question, parce que , faute par vous de le faire , je vous déclare formellement que vous n'aurez avant cela aucune satifaction de ma part. — Ainsi ma conduite future avec vous sera entièrement réglée sur celle que vous tiendrez vous-même désormais envers moi. — C'est, en un mot, ma résolution immuable, ma condition *sine qua non*. — Retenez-le donc bien, afin que cela soit dit une fois pour toutes et vous serve de gouverne.

I.

Quoique je ne fasse aucun cas de votre estime, non plus que de la bonne ou mauvaise opinion que vous pouvez avoir de ma franchise, et qu'enfin je ne tienne nullement à me justifier à vos yeux, je veux bien encore, puisque aujourd'hui l'occasion s'en présente, et que d'ailleurs vous m'en avez fait le défi en me démentant insolemment sur tous les points, vous donner de nouvelles explications, ou *témoignages écrits*, sur la cause de notre dernière altercation chez M. Chand...; aussi bien pour vous prouver que je ne crains pas de soutenir hautement ce que j'avance, que pour employer tous les moyens de vous convaincre par des *faits positifs;* ce que, par un *stupide entêtement* ou plutôt par une *insigne mauvaise foi,* vous vous refusez constamment à croire.

Scripta manent, verba volant.

II.

Je me trouvais donc un jour, ainsi que je vous l'ai déjà dit, chez M. Fort...: c'était, je crois, vers le 3 ou le 4 septembre dernier. — Au moment où nous nous entretenions de la *sotte* missive que vous lui aviez adressée relativement au portrait que son oncle m'avait légué, et de la proposition, plus *niaise* encore, faite par vous de le lui vendre à votre profit et par conséquent à mon préjudice, à cet instant, dis-je, est arrivé M. de Delam... qui d'abord, tout en ne voulant pas parler de vous, ne put se dispenser ensuite de répondre aux diverses questions que M. Fort... lui fit sur votre compte. Or, comme je crois vous l'avoir dit aussi, il ne fit pas de vous un brillant éloge, il s'en faut de beaucoup, je vous assure. — Certes, dans ce moment, je ne cherchais aucunement à l'influencer par le récit de mes propres griefs contre vous et le laissais aller jusqu'à la fin sans l'interrompre une seule fois : c'est, au reste, l'exemple qu'imitèrent fidèlement ses autres auditeurs, aussi attentifs que moi à l'écouter.

III.

M. Delam... commença par nous faire connaître que vous lui aviez fabriqué dans les temps un véritable *mémoire d'apothicaire* pour un soi-disant traitement que vous lui auriez prescrit, et que n'ayant pu obtenir de lui toute la somme que vous en vouliez tirer, vous aviez poussé la perfidie jusqu'à publier partout que vous l'aviez guéri d'une maladie secrète. — Insigne calomnie ! qui d'ailleurs ne m'étonne pas de votre part : — *à ce noble trait*, SEIGNEUR DOCTEUR, *je vous reconnais*. — Vous faites bien ; *la vengeance*, dit-on, *est le bonheur des dieux*.

IV.

Celui-ci envers M. Delam... n'est pas le seul ; il nous en a cité encore beaucoup d'autres du même genre, qui tous le valent bien, s'ils ne le surpassent, tels que d'employer les moyens les plus violents, comme aussi les plus odieux, pour

arracher tout l'argent possible des autres pauvres gens at-
teints de quelque maladie honteuse et qui ont le malheur de
tomber entre vos mains. — Vous les menacez, par exemple,
de les appeler devant les tribunaux, et, de cette manière, c'est
les menacer de divulguer la nature de leur mal, si vous ne
vous livrez contre eux à quelque *acte de brutalité*, etc., etc.
— *Le bon petit cœur d'homme que voilà !* — Au surplus ,
nous avons tous connaissance qu'*un certain marchand près
le Palais-Royal*, dont le nom m'échappe, et duquel M. le
docteur Valler... nous parla un jour chez M. Fouc..., *fut
très-chèrement traité par votre seigneurie.*

V.

N'est-il pas bien avéré (vous n'oserez pas, je pense, le nier)
que, du jour où je vous présentai à M. Chand... jeune, qui
se plaignait alors de douleurs de poitrine, vous vous crûtes
sur-le-champ son médecin en titre, parce que vous aviez, par
hasard, échangé quelques mots avec ce jeune homme, relativement à ses souffrances? N'est-il pas vrai encore que vous
vous crûtes dès lors en droit d'exiger de lui des honoraires
pour une espèce de consultation griffonnée par vous sur le
coin de son comptoir? Au reste, cela est chez vous une vieille
et habituelle tactique qui, je vous en préviens, commence
grandement à s'user.

VI.

Autre fait. — A peine appelé auprès de M. Cham... pour
lui donner des soins, n'en avez-vous pas réclamé le salaire
bien avant sa convalescence, avec une ténacité et même une
méfiance qui, dès ce moment, lui donnèrent de vous une
très-défavorable opinion, que MM. Chand.... partagèrent?

Dans quelque art ou profession que ce soit, il est sans doute très-naturel de chercher à se créer une nombreuse clientèle, mais il n'est jamais permis, et encore moins honorable, de recourir à d'aussi méprisables moyens que ceux que vous employez journellement pour parvenir à ce but. — Parlez maintenent contre les intrigants !

VII.

Revenons à M. Delam…. Vous savez par quelle *honteuse couardise* de votre part, l'affaire d'honneur qu'il vous proposa, pour obtenir de vous la juste réparation de vos propos et de vos mauvais procédés à son égard, n'eut pas de suites ; mais soutiendrez-vous que cette affaire est un nouveau conte de ma façon ?

VIII.

Quant aux intérêts pécuniaires que vous avez eus à régler avec lui, il est également vrai qu'il vous a rendu d'importants services en ce genre dans un moment où votre prétendue *grande fortune* commençait fortement à baisser, et que, sous ce rapport, il ne vous a jamais eu d'obligations, quoique vous ayez toujours soutenu le contraire, et malgré tout ce que votre *langue venimeuse* a pu calomnieusement répandre sur le mauvais état de ses affaires. — Osez aussi vous récrier sur l'ingratitude et contre les ingrats !.....

IX.

Parlez-lui un peu d'un de vos créanciers de sa connaissance qui préfère perdre entièrement tout l'argent que vous lui devez plutôt que d'avoir désormais aucun rapport avec un débiteur tel que vous : vous verrez ce qu'il vous en dira…

Voilà l'exact récit des choses graves qui ont été dites sur vous au domicile et en présence de M. Fort..., de deux de ses commis et de moi. — J'espère que je vous cite bien le *lieu*, le *temps*, les *faits* et les *personnes*. — C'est à vous, après cela, à vous en expliquer avec M. Delam...; et si, comme je vous l'ai encore fait observer, il nie entièrement ce que je viens d'avancer, c'est que, ainsi que moi, il croira avoir tout à redouter de votre part (tant les méchants sont à craindre), ou bien c'est que, par un dédaigneux silence ou plutôt encore par un juste mépris, il ne voudra pas entrer avec vous dans aucune espèce d'explication.

> . . . . J'abhorre les méchants ;
> Leur esprit me déplaît comme leur caractère,
> Et *les bons cœurs ont seuls le talent de me plaire.*

Dans tous les cas, vous avouerez avec moi que si, comme vous le prétendez, j'étais l'inventeur de tous ces faits, il faudrait que je fusse doué d'une bien féconde et bien malveillante imaginative. — Au surplus, la médisance m'a toujours été trop odieuse pour que je puisse jamais la pousser à ce point.

> *Les médisants enfin sont une affreuse peste,*
> Qu'un homme de bon sens blâme, fuit et déteste.

A la suite de la longue énumération de vos *gentillesses* envers tous ceux qui ont eu jusqu'ici quelques relations avec vous, M. Fort... se chargea de raconter à M. Delam... nos débats personnels. — Après quoi, nous tombâmes tous d'accord que vos *admirables procédés* à mon égard pouvaient aller de pair avec tant d'autres de votre façon, et que d'un sycophante comme vous on devait encore dire :

D'ailleurs, mauvais esprit, qui décide, qui fronde,
Parle bien de lui-même et mal de tout le monde.

. . . .

Et la conclusion fut que vous feriez bien
De prendre moins de soin des actions des autres,
Et de vous mettre un peu plus en peine des vôtres,
Qu'on doit se regarder soi-même un fort long temps
Avant que de songer à condamner les gens.

— Vous m'avez reproché en présence de MM. Chand....
et Cham..... que M. Fouc..... m'avait fait avant sa mort
la remise d'une somme que je lui devais. — Je vous ferai
observer de nouveau que, tout en ayant voulu m'offenser,
vous avez dans cette occasion fait de moi, sans vous en
douter, un éclatant éloge, puisque l'abandon de sa créance
(ainsi que quelques autres objets que cet ami a bien voulu
me léguer) est une preuve convaincante de son attachement
et de son estime pour moi ; et, loin de me trouver humilié
d'un aussi bon et aussi généreux procédé de sa part, je ne
dois, au contraire, que m'en glorifier, et, s'il était possible,
n'en regretter que plus sa personne.

La perte d'un ami est la seule réelle,
Sa mémoire est pour nous une dette éternelle,
Et ne croyons jamais que pour un nœud si beau
Il n'est plus de devoir au delà du tombeau.

Tandis qu'on ne peut en dire autant de vous, parce que,
avec l'âme triplement *sèche, fausse* et *haineuse* dont la nature
vous a si largement doué, vous n'avez jamais eu et n'aurez
jamais de véritables amis. — Ce noble et précieux sentiment
vous est entièrement inconnu ; — enfin, le mot comme la
chose sont pour vous du *grec* et du *latin*, deux langues dans

lesquelles, par parenthèse, je ne vous crois par très-versé, malgré votre scientifique qualité de DOCTEUR EN MÉDECINE.

Pour les cœurs corrompus l'amitié n'est point faite.

J'ajouterai que tous vos raisonnements saugrenus ne servent qu'à prouver que sur la logique, comme sur beaucoup d'autres connaissances, vous n'êtes pas doué d'une force supérieure : loin de là, et je désespère même qu'avec le temps et l'étude vous arriviez un jour à ce grand résultat.

Le vase est imbibé, l'étoffe a pris son pli.

Ce qui vient à l'appui du juste reproche qu'à mon tour je vous fais de n'avoir jamais eu d'amis, c'est que vous avez toujours fini par rompre d'une manière aussi *perfide* que *violente* avec tous ceux qui vous ont connu : — MM. Delam..., Fouc..., Eliçag..., Pec... Chand..., et moi (sans compter ceux que nous ne connaissons pas), sommes tous là pour attester la vérité de cette assertion. — En effet, comment est-il possible de vivre avec un être aussi *vindicatif* et aussi *fantasque* que vous? — Je défie bien le meilleur et le plus adroit de tous les hommes d'y parvenir. — C'est ce qui me fait revenir à mon texte et dire avec un profond moraliste :

> *Il faut faire aux méchants guerre continuelle;*
> La paix est fort bonne de soi,
> J'en conviens; mais de quoi sert-elle
> Avec des ennemis sans foi?

C'est assez s'occuper de choses sérieuses ; — changeons de ton :

Passons du grave au doux, du plaisant au sévère.

DEUXIÈME PARTIE.

LE TRÈS-HAUT, TRÈS-PUISSANT ET TRÈS-MAGNANIME SEIGNEUR

AIMÉ DE P***, COMTE DE BOURSONNE, ETC., ETC., ETC.,

Au très-excellent, très-clément et très-gracieux seigneur,

VICTOR DE B***, VICOMTE DE CARCASSONNE, ETC.

Rien n'est beau que le vrai :
Le vrai seul est aimable.

NOTICE.

L'auteur de cet opuscule, afin de pouvoir aller de pair
avec son noble adversaire, messire Victor de CARCASSONE,
seigneur suzerain de cette superbe cité (notez bien le lieu);
lequel se dit être de très-haute et très-ancienne extraction,
puisque, s'il faut l'en croire,

> Sa famille eut pour chef
> Un des fils de Pépin-le-Bref,

et qui, à ce titre, assure avoir hérité des *grands fiefs* érigés
jadis par ce glorieux monarque en *vicomté-pairie* en faveur
des sires de CARCASSONE, ses *héroïques* ancêtres :

> Mais je ne puis souffrir qu'un fat dont la mollesse
> N'a rien pour s'appuyer qu'une vaine noblesse,
> Se pare insolemment du mérite d'autrui
> *Et me vante un honneur qui ne vient pas de lui.*

L'auteur donc, bien qu'il n'appartienne pas à la classe
nobiliaire, et que, comme tel, il puisse se dire avec l'ANACRÉON

de nos jours : *je suis vilain et très-vilain,* n'en a pas moins trouvé plaisant de prendre de son côté la prétentieuse qualification de COMTE DE BOURSONNE, du nom d'un bourg où il est né et près duquel existait autrefois un gothique et féodal manoir possédé par de puissants seigneurs dont l'antique et illustre origine remontait, dit-on, au siècle des Croisades.

Hélas ! de *toutes ses grandeurs passées* que reste-t-il aujourd'hui à notre infortuné vicomte, ce docte châtelain, ce noble Esculape, auquel on peut encore appliquer cette satire poétique du JUVÉNAL français :

> Que sert ce vain amas d'une inutile gloire,
> Si, de tant de héros célèbres dans l'histoire,
> *Il ne peut rien offrir aux yeux de l'univers,*
> *Que de vieux parchemins qu'ont épargnés les vers?*

Nous répondrons à la question par la parodie plus triviale qu'élégante, plus burlesque que correcte, des beaux vers d'un de nos premiers poëtes :

> Du plus *grand des docteurs* voilà ce qui lui reste :
> Son génie et son nom, sa trousse et sa lancette.

PORTRAIT MORAL.

Dans Florence jadis vivait un médecin,
Savant hâbleur, dit-on, et célèbre assassin.
. . . .
Soyez plutôt maçon, si c'est votre talent,
Ouvrier estimé dans un art nécessaire,
Qu'écrivain du commun et médecin vulgaire.

I.

Je te dirai, MON CHER VICOMTE, qu'il a été aussi question
dans notre petit comité, de la nouvelle que, *l'hiver dernier,*
tu as pris soin d'accréditer d'un prétendu *grand héritage* que
tu aurais recueilli à cette époque ; mais que, par malheur, il
a été depuis évidemment prouvé que cet *immense domaine,* ainsi
que ton VICOMTÉ, reposaient uniquement sur les *brouillards de
la Garonne,* que le soleil du *printemps suivant* a fait tout à
coup évaporer avec eux.

Du mensonge toujours le vrai demeure maître.

Né et élevé non loin des riantes et riches contrées arrosées
par ce fleuve si superbe et si renommé, on s'aperçoit facile-

ment que tu conserves toujours l'esprit et le caractère des habitants de ses bords enchanteurs. — En un mot, on voit avec plaisir que *l'air natal est ton véritable élément* et que tu ne démens en rien ta *gasconne origine.* —Tu as raison, il est beau, louable et même glorieux d'aimer sincèrement son pays.

A tous les cœurs bien nés que la patrie est chère !

II.

On s'est, en outre, entretenu dans cette même réunion de tes connaissances en médecine ; et, après un examen aussi mûr qu'impartial, il a été unanimement reconnu que tu étais tout à fait étranger à la haute science des HYPPOCRATE et des GALIEN. — Quelqu'un, je crois, a murmuré les fâcheuses qualifications de *mauvais charlatan*, de *véritable empirique;* mais comme je ne suis pas très-certain de mon oreille, qui parfois est tant soit peu paresseuse, je ne puis ni ne dois affirmer ce fait. — Il est vrai aussi de dire que, comme *ces vieux procureurs sans plaideurs*, tu es, MON PAUVRE DOCTEUR, *un jeune médecin sans malades;* — ne te désole donc pas, je t'en supplie :

Il s'en présentera, garde-toi d'en douter.

En attendant, que Dieu fasse paix et miséricorde à ceux qui, *par hasard*, réclament tes soins ; je les plains bien sincèrement, puisque *du jour où tu les visites*, on peut assurer d'avance que *c'est, hélas! le dernier pour eux.*

> Mes malades jamais ne se plaignent de moi,
> Disait un médecin d'ignorance profonde,
> Oh! reprit un plaisant, sans peine je le croi,
> *Vous les envoyez tous se plaindre en l'autre monde.*

Certes, ce quatrain ne saurait avoir un meilleur à-propos :

Car, VICTOR, c'est tout dire, et dans le monde entier,
Jamais empoisonneur ne sut mieux son métier.

Que cela te soit dit encore en passant et sans te courrou-cer, parce que je ne veux ni irriter la *fièvre bilieuse* qui te con-sume, ni augmenter la *dose de fiel* qui t'oppresse : double *ma-ladie chronique* qui depuis quelque temps fait chez toi de ra-pides et d'alarmants progrès.

La haine, la fierté, la vengeance, la rage,
Le désespoir, l'orgueil, sont peints sur ton visage.

III.

En parlant de médecine, croirais-tu, CHER AMI, qu'il est des êtres assez faux pour te contester le droit d'exercer ce grand art. — Ils prétendent donc que, n'ayant jamais eu l'insigne honneur d'être agréé au corps vénérable de la Fa-culté, parce que, disent-ils, ta réception par l'École de Mont-pellier est encore une de tes *grandes gasconnades*, et là dessus tu es depuis longtemps passé maître, tu ne peux avoir de di-plôme ni par conséquent exercer en aucun lieu. — Les mau-dites langues !

Toujours la calomnie en veut aux gens d'esprit.

IV.

Enfin, on est aussi convenu qu'en général tes *autres ca-pacités* sont à la hauteur de ta *science doctorale* et que tu pos-sèdes surtout éminemment le secret de l'art épistolaire, puis-qu'en ce genre on a de tes œuvres, et que dans une lettre de *vingt lignes* tu as semé en courant dix *barbarismes*, autant de *solécismes*, non compris les *pléonasmes* : c'est pourquoi, MON NOBLE AMI, tout docteur que tu es, on doute fort que tu occupes un jour le fauteuil à l'Académie des Sciences ou même à celle de Médecine, et si jamais tu jouissais d'une telle faveur, oh ! alors, on avouerait que l'une ou l'autre de ces savantes et illustres compagnies serait inopinément tombée dans une étrange révolution, ou, pour mieux dire, dans une décadence totale !!! — C'est pour le coup qu'il faudrait s'écrier avec notre grand comique :

La science est sujette à faire de grands sots !

Voilà, MON CHER VICTOR, ce qui a encore été dit de toi chez M. Fort.... — Sous ce rapport, tu conviendras que tu prêtes par trop le flanc aux traits de la satire, et que si, par une abondante et généreuse pâture, tu ne prenais constamment soin de l'alimenter, tous ces petits déboires ne t'arriveraient pas ! Pourquoi aussi, sur le modèle de tant d'autres originaux, l'ingrate et bizarre nature t'a-t-elle ainsi fabriqué ?

Le ridicule est fait pour notre amusement.

Je ne puis terminer cette épître, MON CHER DOCTEUR, sans te renouveler le conseil que je te donnais ce printemps dernier, c'est-à-dire, sans t'engager à changer un peu moins de résidence, ce qu'en vérité tu fais trop souvent, et *cela*, disent encore de méchantes gens, *pour cause* ....

Aime qu'on te conseille et non pas qu'on te loue.

A cet égard, on peut te comparer à ces brillants météores que, sous la voûte étoilée, on voit chaque soir filer avec une rapidité prodigieuse d'un pôle à l'autre, ou bien encore à l'astre resplendissant du jour qui, dans sa course lumineuse, se lève dans un hémisphère et se couche dans un autre :

Roi du monde et du jour, guerrier aux cheveux d'or.

(Style hyperbolique à part) — je te recommande instamment d'être désormais plus stable, comme aussi plus visible et surtout plus soigneux que tu ne l'as été jusqu'à ce jour à l'égard de tes pauvres malades *que tu fais sans cesse courir* pour consulter *ta docte expérience* et suivre tes *radicales ordonnances;* car, pour me servir d'un moins sublime mais plus fidèle parallèle, je dirai que, comme ces trois tyrans (1), si conuus dans l'histoire moderne (sans cependant être aussi cruel et aussi célèbre qu'eux), tu reposes *ton esprit* accablé de soins et de soucis, et *ton corps* épuisé par l'étude et les veilles, tantôt dans un lieu, tantôt dans un autre (2).

Du chevalier gascon tel est le caractère :
Ce qu'il aime aujourd'hui demain sait lui déplaire.

Reçois donc, MON CHER AMI, l'officieux conseil que je viens

---

(1) Louis XI, roi de France, au château de Plessis-les-Tours ;
Philippe II, roi d'Espagne, au palais de l'Escurial ;
Olivier Cromwel, protecteur de l'Angleterre, à celui de Westminster ; avaient plusieurs chambres, et les serviteurs même les plus dévoués ignoraient toujours dans laquelle ils couchaient.

(2) Précédemment rue du Foin-Saint-Jacques, **28.**
    —   des Mathurins Saint-Jacques, **56.**
    —   de Grenelle-Saint-Honoré, **26.**
    —   des Arcis, **24.**
    —   du Four-Saint-Honoré, **14.**
    —   du Faubourg-du-Temple, **74.**
    —   de Saint-Germain-l'Auxerrois, **68.**
Dernièrement rue Coquillière, **10.**
Présentement rue Boucher, **14.**
Incessamment rue. . . . .

de te donner, et dans ton intérêt et dans celui de tes malades,
qui,

> *Avant de te découvrir,*
> *Ont bien le temps de mourir.*

Cette épître n'étant à autre fin, je prie Dieu, MON CHER
VICOMTE, qu'il te donne du corps la santé, du cœur la bonté,
de l'esprit la capacité, et, de plus, qu'il te fasse la grâce de
devenir quelque jour le meilleur des hommes et le plus habile
des médecins.

C'est enfin le vœu le plus ardent que je lui adresse pour
toi à l'occasion de la nouvelle année. — Puisse-t-il, en faveur
de la société, comme de l'humanité, opérer bientôt ce grand,
ce prodigieux phénomène !!! — Ainsi soit-il !

> Tout languit, tout est mort sans la tracasserie :
> C'est le ressort du monde et l'âme de la vie ;
> Bien fou qui là-dessus contraindrait ses désirs :
> *Les sots sont ici bas pour nos menus-plaisirs.*

Donné en notre château seigneurial de BOURSONNE, le premier jour du mois de janvier, l'an de grâce 1859.

(Suit la signature.)

TROISIÈME PARTIE.

PLAINTE DU SIEUR A. P***, EX-EMPLOYÉ,

CONTRE

LE SIEUR V. B***, MÉDECIN.

La loi est la même pour tous :
Soit qu'elle protége, soit qu'elle punisse.

REMARQUE.

Cette épître a été imprimée au nombre de 100 exemplaires, qui ont été distribués, tant aux personnes qui s'y trouvent dénommées qu'à beaucoup d'autres encore dont la liste ici serait aussi longue qu'inutile à publier.

Quant au sieur B***, auquel elle est adressée à titre d'Étrennes, l'auteur a mis tous ses soins pour qu'un *premier exemplaire* parvînt sans retard à ce personnage.

Paris, le 1er janvier 1839.

MONSIEUR LE COMMISSAIRE,

« Un an et plus s'est écoulé depuis que, par un abus de
« confiance sans exemple et au mépris le plus manifeste du
« droit des gens, le sieur B*** (Victor) médecin, domicilié
« rue Boucher nº 14, se présenta chez moi dans la coupable
« intention de s'emparer, autant par surprise que par violence,
« du premier objet qui se trouverait à sa convenance : car
« la brusque sortie qu'il me fit d'abord n'était qu'un prétexte
« pour exécuter plus facilement ensuite son indigne projet ;
« ce qu'il effectua en enlevant, avec non moins d'audace que
« de promptitude, un *portrait en miniature* qui se trouvait
« en ce moment suspendu à ma cheminée, et cela, a-t-il dit,
« à titre de gage et par forme de nantissement de paiement
« d'une modique somme de 30 francs que je lui devais.

« Or comme, en aucun cas, il ne peut être permis à qui
« que ce soit de se faire justice, et conséquemment à un créan-
« cier de se liquider par ses propres mains, en s'emparant
« arbitrairement pour cela des effets de son débiteur, lorsqu'ils
« sont surtout d'une valeur beaucoup plus grande que la

A M. le Commissaire de police du quartier du Louvre.

« créance, j'adressai sur-le-champ une plainte contre cet hom-
« me à monsieur votre collègue du quartier du Temple, où il
« demeurait alors ; — plainte à laquelle ce magistrat ne put
« donner aucune suite, parce que, suivant sa déshonorable
« habitude, le sieur B*** était *furtivement* parti de son hôtel
« depuis peu de jours (1). »

Parvenu enfin, après de longues et difficultueuses re-
cherches, à découvrir son domicile actuel, j'ai l'honneur de
vous prier, MONSIEUR LE COMMISSAIRE, de vouloir bien faire
appeler cet individu à votre audience, afin, non-seulement
de lui enjoindre de déposer immédiatement entre vos mains
le *portrait* que je réclame vainement de lui, et duquel il est
illégalement possesseur, puisque déjà il est nanti d'un *titre
authentique* de sa créance ; mais encore de le menacer de
toute la rigueur des lois s'il voulait jamais se porter à quelqu'*acte de vengeance* contre moi : car, à ce sujet, il importe de
vous faire connaître également que cet homme, aussi *violent*
que *vindicatif,* a déjà prouvé ce dont il est capable : 1° par
d'*outrageants et calomnieux* propos tenus de sa part sur mon
compte ; 2° par des *voies de fait* qu'avec non moins de cruauté
que de lâcheté il fit un jour exercer sur moi par des gens à sa
dévotion ; 3o par la *soustraction de mon domicile* d'un objet
qui était ma propriété ; 4° enfin, par ses continuelles menaces
d'un nouveau *guet-apens* contre ma personne, et ses protestations réitérées que *je ne périrai que de sa main.*

Voilà, MONSIEUR LE COMMISSAIRE, l'homme déloyal aux
poursuites et aux attaques duquel je suis constamment en
butte : — c'est pourquoi j'ose espérer que vous voudrez bien
prendre en considération le *très-fidèle* exposé que je viens

______

(1) *Exposé des faits,* première partie.

d'avoir l'honneur de vous faire, en donnant pour cet effet à ma plainte toute l'importance et la suite qu'elle exige.

Je crois devoir vous déclarer en même temps qu'à compter de ce jour je me place sous l'égide de la loi, comme sous la protection de l'autorité auprès de laquelle, s'il en est nécessaire, je solliciterai pour ma sûreté personnelle l'autorisation de porter habituellement quelque arme défensive, tant on ne peut trop se prémunir contre les embûches et les atteintes d'un perfide ennemi......

Je suis, etc.

IMPRIMERIE D'ADOLPHE ÉVERAT ET COMP^{ie},
rue du Cadran, 14 et 16.

31

www.ingramcontent.com/pod-product-compliance
Lightning Source LLC
Chambersburg PA
CBHW051353050726
47595CB00006B/2544